教學指引

全新版 華語

第十二冊

流傳文化事業股份有限公司
http://www.chlearn.com

編輯要旨

一、本書十至十二冊以文化傳遞爲主，基本材料做爲課文，補充與參考資料編入教學指引。課文與指引中之資料共成教學之整體。

二、指引之內容分四部分：

1. 課文及出處。
2. 與課文內容相關之材料。
3. 與課文內容可相互引發或比較之參考資料。
4. 輔導學生做簡單問題之討論。

三、每課課文宜一次教完（二至三小時），以保持敘事之完整和學生之學習興趣。

四、課文的教學時間宜爲每課教學總時間的二分之一或三分之一，其餘時間由教師補充指引中之資料，並輔導學生做簡單之討論，增強學生之表達能力和師生間之互動。

五、指引中每三課後有一複習性之單元活動，供教師參酌使用。

全新版華語教學指引　第十二冊

第一單元　成語

第二單元　文學

第三單元 人物

第四單元 建設

第一課 守株待兔

一、課文與出處

課文

從前有一個農夫，他的田裡原來有一棵大樹，後來大樹被砍走，留下了一個大樹墩，樹墩周圍長滿了野草。

有一天，這個農夫去田裡鋤草，有一隻兔子急急地從他身旁跑過，誤撞在草叢裡的樹墩上，頭骨折斷，死在那裡。他很高興的把兔子撿回家去，煮了一鍋兔肉吃。

從此以後，這個農夫便每天守候在那棵樹墩旁邊，等著再撿死兔子，不去工作。可是日子一天一天過去，不但沒有兔子跑來撞在樹墩上，連在附近經過的兔子也看不到，他田裡的野草則長得更多更高了。

古時候，樹墩也叫做「株」。成語「守株待兔」說的就是這個故事。

出處

韓非子·五蠹：宋人有耕者，田中有株，兔走觸株，折頸而死。因釋（放下）耒（音壘，一種農具）而守株，冀復得兔。兔不可復得而身為宋國笑。

二、相關資料

㈠「守株待兔」的比喻

這句成語常用來比喻某一個人或一個政策刻板守舊，不知變通，也用來說某一個人妄想不勞而獲，坐享其成。

㈡韓非（公元前二八〇？～二三三年）

戰國時韓國的貴族，是荀子的學生，建議韓王變法，未被採納。秦王（後來的秦始皇）看了他的書，很佩服，想見他，於是就攻打韓國，要韓國派韓非來秦國。秦王和韓非見面後，很欣賞他的學說，但對他不能信任。秦國的大臣李斯就乘機陷害，把他關入監獄，並給他毒藥，讓他自殺。後來秦王要釋放他，但他已自殺身亡。

㈢韓非子

韓非死後，後人收集他的著述，加上其他人論述韓非學說的文章，合成一書，名爲韓非子，是集先秦法家學說的代表之作。

三、補充材料

(一) 韓非子裡的其他故事

韓非是一個很會用故事作譬喻來說明事情的人，因應不同的事情，他的故事也很多樣。下列兩則故事都選自韓非子，但是趣味不同。

1. 縫製新褲

有一個人叫妻子爲他做一條新褲子，妻子問他：「褲子要做成什麼樣式的？」他說：「像那條舊褲子一樣。」於是，他的妻子把新褲子做好後，把它弄得像舊褲子一樣破舊。

2. 不死之藥

有人送不死之藥給國王，國王身旁的侍衛問送藥的人說：「這藥能吃嗎？」那人說：「當然能吃。」於是侍衛就立刻把藥搶過來吃了下去。國王一見大怒，下令把侍衛抓起來，要殺他。侍衛替自己辯護說：「我問送藥的人能不能吃，他說能吃，所以我吃了，所以我沒有錯，是送藥的人錯了。而且，既然這是不死之藥，我已吃了，您要是殺了我，就說明藥是假的，那是送藥的人欺騙了您，我有什麼罪呢？」國王聽了，覺得有理，就將他放了。

四、問題與討論

守株待兔的農夫，是錯把偶然發生的事當做必定會發生的事了。兔子撞死在樹根上是偶然發生的，天天守在那裡等著再撿，便是認爲必定再有兔子來撞死。現在，如果買一張彩券得了獎，那是偶然的，如果因此不工作，把錢都拿去買彩券，以爲會中更多的獎，那麼就和守株待兔的農夫一樣了。讓學生以自己的觀察所得，再說些例子。

五、解答參考

㈠ 語文活動

1. 新詞和造句

(1)草叢中有許多小昆蟲。

(2)庭院的雜草太多，媽媽要我去鋤草。

(3)睡姿不佳頸骨容易受傷。

(4)弟弟不小心將鉛筆折斷了。

2. 問題與討論

(1)請教師帶領學生作答。

(2)請教師帶領學生作答。

㈡ 習作A本

1. 選一選：把對的字圈出來

(1)墩　(2)撞

2. 選一選：把對的號碼選出來

(1)②　(2)③

3. 改錯

(1)鋤　(2)誤　(3)煮

4. 填一填：把下面的詞填進句子裡

鋤草、急急地、誤撞、折斷

5. 造句

樹上的果實長得更大更好了。

㈢ 習作B本

1. 選一選：把對的字圈出來

(1)撿　(2)附　(3)株

2. 改錯

(1)叢　(2)野　(3)待

3. 造句

他不但沒有趕上隊伍，連作業也沒有做完。

4. 想一想

(1)株　(2)野草

第二課 揠苗助長

一、課文與出處

課文

從前有一個人，性子很急，沒有耐心。有一天，他看見鄰居種的樹長得高大茂盛，十分羨慕，便去買了許多小樹苗來種。

過了幾天，他覺得樹苗一點也沒有長高，看看鄰居的大樹，心想：「我這些樹苗要多久才能長得那樣高呀！我要幫助它們長快點。」於是他把全部樹苗都向上拔一點。

晚上，他對家人說：「我很累，因爲我去幫助那些樹苗長高了。」他的家人聽了，不明白是怎麼一回事，第二天走去一看，那些樹苗都快枯死了。

古時候，「拔」也叫做「揠」，成語「揠苗助長」說的就是這個故事。

出處

孟子．公孫丑上：宋人有閔（憫）其苗不長而揠之者，芒芒然（疲倦的樣子）歸，謂其人曰：「予助苗長矣！」其子趨而往視之，則苗槁矣。

二、相關資料

㈠ 孟子（約公元前三七二～前二八九）

是中華民族古時候的思想家、政治家和教育家。曾經做過官，因爲他的政治主張不被採用，就辭職還鄉，授徒講學，與學生共同寫成孟子一書。孟子的母親十分注意孟子的學習情形，在孟子幼小的時候，她爲了讓孟子有良好的學習環境，搬了三次家。後來孟子上學了，有一天，他逃學回家，孟子的母親正在織布，知道孟子逃學，就用刀把正在織的布割斷，告訴孟子說，求學如果半途而廢，就像這塊正在織的布被割斷了一樣，就不會成爲有用的東西。從此以後，孟子努力讀書，終於成爲一位大學問家。

㈡ 孟子

孟子和他的學生所作。孟子在這書裡繼承孔子的學說，並且提出「民爲貴，君爲輕」的主張，認爲人性本善。在十九世紀以前，這書和孔子的論語一樣，都是華裔知識分子所必讀的書籍。

三、補充材料

(一) 欲速則不達

自然界的生長和事物的發展有著一定的規律，爲了加快速度而違反了這種規律，那麼便會適得其反。「揠苗助長」要說明的就是這個道理，「欲速則不達」則是比較直接的說法。凡事如果爲了求快、求速成而不考慮事物的基本規律，那麼反而是達不到目標的。

(二) 五十步笑百步

這也是孟子所說的一則寓言故事。大意是：兩軍交戰，戰敗的一方，有人向後逃退了一百步，有人向後逃退了五十步。於是逃退了五十步的人便對逃退了一百步的人大加嘲笑。這則故事是說有些人不知自己跟別人犯有同樣的錯誤，只是程度輕一點，卻還去譏笑別人。

四、問題與討論

「揠苗助長」和「欲速則不達」的情形，在日常生活裡是常常可以見到的，父母對兒女期望過高過急，超量的學習結果使他們的興趣全失，心生厭煩，反而一點學習效果也沒有。開車超速，結果被交通警察攔下開罰單，甚至發生意外，反而不能快速到達目的地。諸如此類的情形，讓學生自行舉例說明，並就所舉例子稍做討論。

五、解答參考

㈠ 語文活動

1. 新詞和造句

⑴每年植樹節媽媽會買小樹苗讓我種植。

⑵鄰居養了一隻大狼狗。

⑶花開得很茂盛。

⑷弟弟羨慕我會騎腳踏車。

2. 問題與討論

⑴請教師帶領學生作答。

㈡ 習作A本

1. 選一選：把對的號碼選出來

⑴② ⑵③ ⑶②

2. 選一選：把對的字圈出來

⑴盛 ⑵苗 ⑶助

3. 填一填：填入適當的字

⑴茂 ⑵羨 ⑶拔

4.填一填：把下面的詞填進句子裡

呢、嗎、呀

5.想一想

(1)性子 (2)鄰居

㈢ 習作B本

1.選一選：把對的號碼選出來

(1)② (2)① (3)② (4)①

2.選一選：把對的字圈出來

(1)耐 (2)枯 (3)揠

3.填一填：填入適當的字

(1)枯 (2)揠

4.想一想

(1)樹苗主人的家人 (2)揠

第二課　有志竟成

一、課文與出處

課文

普陀山在浙江沿海，是一個小島，島上有許多佛教的廟。

四川有兩個和尚，一個很有錢，一個很窮，他們都想到普陀山去拜佛。有錢的和尚想坐船，從長江下去，這樣走比較舒服，但費用很貴，因此遲遲不能決定。窮和尚沒有錢，他決定走路去浙江，一路化緣。

一年後，窮和尚從普陀山回到四川，有錢的和尚仍舊沒有決定怎樣去浙江。他覺得很慚愧，對窮和尚說：「你眞是有志竟成啊！」

出處

（清）彭瑞叔　白鶴唐詩文集：蜀之鄙（偏遠地區），有二僧，其一貧，其一富。貧者語於富者曰：「吾欲至南海（普陀山），何如？」富者曰：「子何恃而往？」曰：「吾一瓶一缽足矣！」富者曰：「吾數年來欲買舟而下，猶未能也。子何恃而往？」越明年，貧者自南海還，以告富者，富者有慚色。西蜀之去南海，不知幾千里也，僧富者不能至而貧者至焉。

二、相關資料

㈠ 有志竟成

有志竟成的「竟」是「終於」的意思。全句的意思是：只要有志願（堅持志願），那麼終於會成功的。

㈡ 化緣

字面的解釋是「向人募化以結佛緣」，習慣上指僧人向信徒募捐財物或食物。

㈢ 普陀山

1. 普陀山是舟山群島東南端的一個小島，舟山群島在浙江省寧波市的外海（見附圖）。全島面積只有12.5平方公里。
2. 普陀山在一二一四年（南宋）被官方定為佛教四大道場之一，供奉觀世音菩薩（道場是群眾學道的場所。另外三大道場是四川的峨嵋山，山西的五台山和安徽的九華山）。
3. 普陀山上大大小小的佛廟很多，最大的是普濟寺，大殿可容納兩千多人。
4. 一九九七年建成一座新的南海觀音像，連基座高33公尺，大約有十一、二層樓的樓房那麼高。

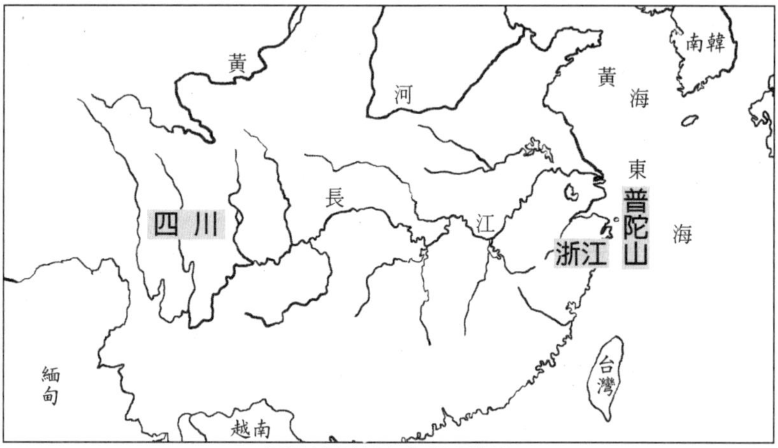

四川與普陀山位置圖

三、補充材料

(一)「有志竟成」的同義語句

1. 水滴石穿

水滴雖然柔弱微小，但經年累月地滴在石上，日子久了，也可以把石頭滴出洞來的。

2. 只要功夫深，鐵杵（音楚）磨成針

只要努力不斷去做，那麼即使是一根鐵的棒槌，也可以被磨成一根細小的縫衣針。

3. 天下無難事，只怕有心人

只要能立定志願，堅持不歇，那麼世界上是沒有什麼事是難以做到的。

四、問題與討論

輔導學生舉示某一人奮鬥成功的例子，或是某一運動選手（或球隊）失敗後苦練成功的事例。運動選手可以是他自己或他的朋友，球隊可以是自己學校的或所居住城市的。

五、解答參考

(一) 語文活動

1. 新詞和造句

(1)少林寺的和尚大多數會功夫。

(2)開學了，要交學費等費用。

(3)兩個和尚到我家來化緣。

(4)坐車比走路舒服。

(5)有毅力的人令好逸惡勞的人感到慚愧。

2. 問題與討論

(1)請教師帶領學生作答。

(二) 習作A本

1. 選一選：把對的號碼選出來

(1)① (2)③ (3)③ (4)①

2. 選一選：把對的字圈出來

(1)佛 (2)坐 (3)緣

3. 改錯

(1)廟 (2)尚 (3)費

4. 想一想

(1)窮和尚 (2)四川 (3)慚愧，請教師引導學生逕行發揮。

(三) 習作B本

1. 選一選：把對的號碼選出來

(1)② (2)③ (3)①

2. 選一選：把對的字圈出來

(1)仍 (2)慚 (3)志

3. 改錯

(1)緣 (2)慚 (3)竟

4. 連連看

坐船 — 長江
浙江 — 普陀山
化緣 — 和尚

5. 加標點符號

有錢的和尚想坐船，從長江下去，這樣走比較舒服，但費用很貴，因此遲遲不能決定，窮和尚沒有錢，他決定走路去浙江，一路化緣。

單元活動一 成語

成語是每個民族語言的菁華。能了解別人說話和作文中的成語，是個人語文能力的提升；自己說話和作文時能自然而適當地使用成語，則更是個人文字素養和語文能力的展示，這便有賴於對成語涵義的切實了解和練習。這個成語單元的活動有兩種，教師可以視實際情形決定擇用其一，或兩者都用。

一、成語舉示比賽

把全班學生分成兩組，先由甲組的學生說出成語的意思，如「天下無難事，只怕有心人」，乙組的學生就在十秒或十五秒內（時間由老師視學生程度而定）說出符合這意思的成語「有志竟成」；甲組的學生說「欲速則不達」，乙組的學生就說出相應的成語「揠苗助長」。然後兩組互易角色，改由乙組的學生說出成語的意思，甲組的學生說出相應的成語，說對一次記一分，最後以記分多少定輸贏。內容可包括以前學過的成語，但要事先列出，讓學生先複習準備。

二、賓果（Bingo）遊戲

這個成語賓果遊戲，必須結合以前第十、十一兩冊裡學過的成語和俗語，或是其他已經學過的成語，否則數量不夠。遊戲的方法如下：

㈠每個學生準備一張賓果卡（見附圖，學生可用白紙自畫）和二十個硬幣或釦子之類的東西。

㈡老師在黑板上寫出學生學習過的成語或俗語（16～25句，除了這個單元所學習的以外，包括第十、十一兩冊成語單元裡所學的），（如果是16句，賓果卡的方格減爲橫直皆四格），學生把這些成語或俗語分別寫在賓果卡上，每一格寫一句。哪一格寫哪一句，由學生自己決定，不需依照老師寫在黑板上的順序。

㈢然後老師任意念出黑板上的成語（也不按書寫的順序），學生聽見老師念出一句，就趕快找出這句成語在他賓果卡上的哪個方格內，並在這個方格內放上一枚硬幣或釦子。誰的硬幣或釦子在賓果卡上先排成一直線、一橫線或對角線，他就可以喊Bingo，表示贏了這一局（老師可以給予加分或其他獎勵）。老師也可以要求學生把排成一直線的成語朗誦並重述一次，以加強學生閱讀和說話的能力。

Bingo遊戲卡（請老師影印使用）

一、課文與出處

課文

桃花源記是一篇散文，在公元四二二年左右寫成，大意是：

有一個漁夫，划船出去打魚。他划進了一條小河，沿河前進，漸漸看到兩岸都是桃樹，樹上開滿了桃花，美麗極了。

漁夫繼續前進，最後到了河的源頭，那裡有一座山，他穿過一個山洞，看到山後是一大片平原，有許多房屋和農田，田裡有許多人在工作，房屋前有老人和小孩在休息和遊戲，他們看見漁夫都很吃驚，問他是從哪裡來的。他們告訴漁夫，在六百多年前，他們的祖先為了躲避戰爭，搬來這裡居住，從此便不再出去，所以他們已經不知道山外是一個怎樣的世界了。

漁夫在那裡住了幾天才划船回家，後來他要再去，卻找不到那條小河了。

這個故事是虛構的，但它描寫了一個安樂的農村社會，沒有戰爭，人民過著和諧、自給自足的生活。所以，「桃花源」或「世外桃源」就是「理想樂土」的意思。

出處

晉太原中，武陵人，捕魚爲業，緣溪行，忘路之遠近。忽逢桃花林，夾岸數百步，中無雜樹，芳草鮮美，落英繽紛，漁人甚異之；復前行，欲窮其林。林盡水源，便得一山，山有良田美池桑竹之屬，阡陌交通，雞犬相聞。其中往來種作，男女衣著，悉如外人；黃髮垂髫，並怡然自樂。見漁人，乃大驚，問所從來，具答之，便要還家，設酒殺雞作食，村中聞有此人，咸來問訊。自云：「先世避秦時亂，率妻子邑人，來此絕境，不復出焉；遂與外人間隔。」問「今是何世？乃不知有漢，無論魏、晉。此人一一爲具言所聞，皆歎惋。餘人各復延至其家，皆出酒食。停數日，辭去。此中人語云：「不足爲外人道也！」既出，得其船，便扶向路，處處誌之。及郡下，詣太守，說如此。太守即遣人隨其往，尋向所誌，遂迷不復得路。南陽劉子驥，高士也，聞之，欣然規往，未果，尋病終。後遂無問津者。

二、相關資料

(一) 陶淵明（三六五～四二七）

又名陶潛，是桃花源記的作者，也是中華民族古時候有名的詩人。陶淵明的父親早死，他少年時期的生活很貧苦，但家庭教育很好，從小就看了許多文學和歷史的書籍。後來他出來做了幾任小官，到了四十一歲，因爲政治和社會都亂，就辭職回家，和妻子兩人過農耕生活。農耕生活是比較辛苦的，起

初還能溫飽，不料兩年後家遭大火，房屋全毀，雖然還有田可耕，但生活就日益貧困了。朋友知道了他的情形，要他再出來擔任政府官員，請了幾次都被他拒絕。他寫的詩，純樸自然，眞誠親切，對後代詩人很有影響。

(二) 桃花源記的寫作時間和背景

陶淵明的那個時代，政治鬥爭很激烈，戰亂不停，農民的稅重，又常受劫掠，所以有些農民就集體躲進深山避難。桃花源記是陶淵明五十八歲時所寫，那時他已過了十多年的農耕生活，對農民生活的困苦有更深切的了解，也對理想社會愈來愈嚮往，終於寫成桃花源記。描寫了一個富足和諧的農村社會，在這個社會裡，人人平等，人人工作。

三、補充材料

(一) 烏托邦（Utopia）

這是英國作家莫爾（Thomas More, 1478~1534）在一五一六年用拉丁語寫成的一本小說。內容敘述一個名爲「烏托邦」的島國，那裡道路寬闊，景色美麗，居民豐衣足食，每個人都有工作，生活安定，還有便利大眾的食堂和醫院，教育和娛樂也都受到重視，是後來社會主義思想的一個重要來源。

莫爾寫這本書的起因，是因爲目睹當時政治黑暗、社會不公、貧富不均、農民的生活悲慘，因此構想了一個理想的社會，也表達了他的政治主張，後來就有人用「烏托邦」一詞，表示「理想」或「理想

國」的意思。

四、問題與討論

陶淵明和莫爾，一在中國，一在英國，時間上也相差了一千一百年，但他們都對政治動亂和社會不公，以致農民的生活貧困悲苦做出了反應。他們舉示了一個理想的社會，也說明了怎樣才是一個理想的社會。由於時代的不同，陶淵明的桃花源是一個農村景象；莫爾的烏托邦則已有城市的初型。請輔導學生對兩者做背景和內容的比較，並稍做討論。

五、解答參考

㈠ 語文活動

1. 新詞和造句

(1)樹上的桃花開得很茂盛。

(2)瀑布源頭流水潺潺，非常壯觀。

(3)躲避球是一種很有趣的運動。

(4)現在有很多歷史劇的劇情是虛構的。

(5)花木蘭是一首描寫少女代父從軍的民歌。

(6)我的家庭非常的幸福和諧。

2. 問題與討論

(1)距今約一千五百七十多年前。

(2)請教師帶領學生發揮想像力，盡情作答。

(二) 習作A本

1. 選一選：把對的號碼選出來

(1)③　(2)②　(3)③

2. 選一選：把對的字圈出來

(1)沿　(2)極　(3)源

3. 改錯

(1)已　(2)和　(3)描

4. 連連看

虛構	假的
漸漸	慢慢地
理想樂土	世外桃源
和諧	融洽
源頭	開始的地方

漁夫 — 捕魚的人

桃樹 — 桃花

(三) 習作B本

1. 選一選：把對的號碼選出來

(1)②　(2)③　(3)①　(4)②

2. 選一選：把對的字圈出來

(1)驚　(2)避　(3)構

3. 改錯

(1)划　(2)源　(3)再

4. 填一填：把下面的詞填進句子裡

房屋、農田、遊戲、吃驚

第五課　木蘭詩

一、課文與出處

課文

木蘭詩是一首民歌，出現在第五、第六世紀，內容是一位少女代父從軍的故事：

有一位少女，名叫木蘭，從小學織布，也學武藝。有一次，敵人來了，政府要她爸爸去從軍。可是她爸爸年老了，於是她穿上男人的衣服，代替爸爸去參加軍隊。

木蘭作戰很勇敢，把敵人打敗以後，皇帝很高興，要她留在政府做大官。但是木蘭不要做大官，她要回家照顧年老的父母。

木蘭回到家裡，換上女人的衣服，送她回家的幾位軍中朋友見了，都十分吃驚，因爲他們一直不知道木蘭是女人。

木蘭姓花，後來大家就以「花木蘭」作爲對女性軍人的美稱。

出處

唧唧復唧唧，木蘭當戶織。不聞機杼聲，惟聞女嘆息。問女何所思？問女何所憶？「女亦無所思，女亦無所憶。昨夜見軍帖，可汗大點兵；軍書十二卷，卷卷有爺名。阿爺無大兒，木蘭無長兄，

願爲市鞍馬，從此替爺征。」

東市買駿馬，西市買鞍韉，南市買轡頭，北市買長鞭。朝辭爺孃去，暮宿黃河邊；不聞爺孃喚女聲，但聞黃河流水鳴濺濺。旦辭黃河去，暮至黑山頭；不聞爺孃喚女聲，但聞燕山胡騎聲啾啾。

萬里赴戎機，關山度若飛。朔氣傳金柝，寒光照鐵衣。將軍百戰死，壯士十年歸。歸來見天子，天子坐明堂。策勳十二轉，賞賜百千強。可汗問所欲，「木蘭不用尚書郎，願借名駝千里足，送兒還故鄉。」

爺孃聞女來，出郭相扶將。阿姊聞妹來，當戶理紅妝。小弟聞姊來，磨刀霍霍向豬羊。開我東閣門，坐我西閣床。脫我戰時袍，著我舊時裳。當窗理雲鬢，對鏡貼花黃。出門看伙伴，伙伴皆驚惶：「同行十二年，不知木蘭是女郎。」

雄兔腳撲朔，雌兔眼迷離。兩兔傍地走，安能辨我是雄雌？

二、相關資料

㈠ 民歌

民歌是在民間流傳很久的歌謠，最初只是在口頭流傳，沒有文字紀錄，也不知作者是誰。

㈡ 府兵制

現在世界各國的兵制不外是徵兵制和募兵制，徵兵制是到了一定年齡的男性國民，必須當兵若干時

間；募兵制則是自願入伍。在中華民族歷史上，曾經實行過一種府兵制。府兵制是士兵領有政府給的土地，平時耕種，農暇時練武，國家有事徵召時，就應召入伍。服役的年齡是二十一至五十九歲。木蘭詩裡所說的情形，就是這種府兵制。木蘭的父親大概已是五十多歲，身體不好，但還不到退役的年齡。他如果有成年的兒子，可由兒子代替他接受徵召，然而他沒有兒子，所以木蘭就女扮男裝，代替父親入伍了。

三、補充材料

(一) 聖女貞德（一四一二～一四三一）

聖女貞德（Jeanne d' Arc）是法國人，父親是農夫。她在農村長大，信奉天主教。一四二九年，英國軍隊入侵法國，占領了巴黎。法軍節節敗退，士氣渙散。貞德那年才十七歲，她換上男裝，拿起武器，號召人民抵抗英軍。法國政府也授她軍銜，讓她帶領一支軍隊和英軍作戰。貞德不負眾望，連著打了幾次勝仗，大敗英軍，法國全國為之振奮。後來她卻被自己人出賣，遭英軍囚禁。英軍又借刀殺人，將她送交親英的宗教裁判所，以「巫術」和「女穿男服係冒犯上帝」兩項罪名，在她十九歲那年將她處死。過了四個半世紀，到一九〇九年，天主教的教皇終於恢復貞德的名譽，並在一九二〇年封贈天主教的聖號，稱她為「聖女貞德」。

四、問題與討論

輔導學生列舉他們所知各行各業的傑出女性，並對她們的成就或影響稍做討論。

五、解答參考

(一) 語文活動

1. 新詞和造句

(1)早期有許多校園民歌非常動聽。

(2)手工織布技術現在已逐漸失傳。

(3)李連杰以傑出的武藝走紅於國際舞臺。

(4)木蘭打仗非常的勇敢。

(5)經過八年抗戰，我們終於打敗日本。

(6)姊姊很會照顧年幼的弟弟。

2. 問題與討論

(1)請教師帶領學生作答。

(二) 習作A本

1. 選一選：把對的字圈出來

(1)織　(2)代　(3)敢

2. 選一選：把對的號碼選出來

(1)①　(2)③

3. 重組句子

BDCA

4. 想一想

(1)代父從軍　(2)織布，武藝

(三)習作B本

1. 選一選：把對的字圈出來

(1)敗　(2)皇　(3)性

2. 選一選：把對的號碼選出來

(1)①

3. 重組句子

(1)DBCA　(2)ADBC

4. 想一想

(1)照顧年老的父母　(2)女性軍人

第六課 西廂記

一、課文與出處

課文

西廂記是一齣戲，在十三世紀寫成，演的是一個愛情故事。內容是：張生和崔鶯鶯是一對戀人，但是鶯鶯的母親反對他們來往。紅娘是鶯鶯的婢女，她幫助張生和鶯鶯，設法使他們結合。鶯鶯的母親知道後非常生氣，要責打紅娘，卻反被紅娘說服，同意讓鶯鶯和張生結婚。

在西廂記中，紅娘性格直爽，機智風趣，深受人們喜愛。後來大家就把「紅娘」作爲對女性媒人的美稱。

二、相關資料

(一) 齣（音出）

中華民族的傳統戲劇稱「戲曲」，因爲戲中的對話和敘事都是唱的。一部或一回傳統戲曲則習慣上稱一齣戲。

㈡　媒人

婚姻介紹人。

㈢　傳統婚姻裡的「父母之命」

在二十世紀以前，大部分華人的婚姻是父母決定的（父母之命）。新郎和新娘在結婚之前大都不認識，甚至也沒有見過面，一切依靠自己父母對對方的了解。在考慮自己的兒女要不要和對方結婚時，雙方父母除了把對方的家庭狀況、經濟情形、社會地位做整體考慮外，當然也對當事人的人品和能力進行了解，所以也會安排機會見一見對方，有時也會讓兒女能偷偷地看一看對方。結婚的對象如果不是父母的選擇，而是年輕男女自己認識，自己作的決定而沒有父母的同意，那麼便會受到親友的譏笑和社會的輕視（參見孟子．滕文公下）。

西廂記裡的張生和崔鶯鶯的戀愛，鶯鶯的母親事先一無所知，張生也不是她爲鶯鶯選定的對象，他們的行爲不合當時禮俗，是會被親友取笑、被社會輕視的，所以她反對他們結婚，也對紅娘非常生氣。

㈣　崔鶯鶯的故事

張生和崔鶯鶯的故事，最早見於唐人寫的傳奇小說鶯鶯傳（寫於八世紀末）。故事裡張生和鶯鶯的往來並未被鶯鶯的母親發覺，紅娘的角色也不重要，只是在兩人間傳話傳信。故事的結局是張生決定去京城參加中央政府舉辦的考試，以後兩人便各自婚嫁。整篇小說表現的是鶯鶯的才華和果斷。五百年

後，這個故事被改寫成西廂記，情節有了變動，紅娘的角色被凸顯，令人印象深刻，實際上她成了主角，張生和鶯鶯則是在獲得鶯鶯母親的同意後，結為夫婦。

三、補充材料

(一)假新郎成真丈夫

由於從前華人的婚姻大多由父母決定，新郎和新娘在婚前並不認識，甚至也沒有見過對方。有時候，新郎新娘的父母也是經過媒人介紹才認識，雙方對彼此的了解，一大部分是來自媒人，所以媒人也常常在傳統婚姻中扮演重要的角色。下面這則故事就是在這種背景下產生的。

張三的家裡很有錢，但是長得很醜。他聽說河對岸高家的女兒很漂亮，個性也溫和，就託媒人去說親。高家的父親知道張家是很富有的，但不知張三的人品怎麼樣，所以堅持要先見一見張三。張三心想，我這樣醜，若要見面，婚事大概就不成功了。於是就要求他的表弟李生冒充他前往，因為在婚前新郎和新娘是不正式見面的，等結了婚，新娘不會知道她父親見到的是另外一人。李生不願意，但是因為家裡窮，欠了張家一些錢，一直無力償還，心中歉疚，後來就答應了。李生的相貌很好，學問和談吐也很好，高家的父親和他見面後很滿意，就答應了婚事。

到了結婚的那一天，依照從前的習俗，迎接新娘有專人前往，新郎是不去的。但是高家的父親一定要新郎親自去接，因為他對這個女婿很滿意，要他親自去接女兒的用意，是他在家也宴請了親戚朋友，要讓他們也見見他的女婿。於是張三只好請求李生再幫忙一次，冒充他去高家接新娘。

李生到了高家後，氣候忽然起了變化，狂風大雨不停，大河漲水，把橋沖毀了，接親的隊伍無法回去。高家的父親就決定在他家舉行結婚儀式，當然也就住在他家。壞天氣連續了三天，李生在高家雖然和新娘同房，但每晚都穿著衣服在椅子上睡覺，也不和新娘說話。新娘和新娘的父親覺得奇怪，最後查明眞相，才知自己差一點受騙。但覺得李生爲人正直，當初相親原是以他爲對象的，便承認他才是眞正的新郎。

四、問題與討論

讓學生假設他自己是紅娘，說一說會以什麼理由和方式去勸說鶯鶯的母親同意婚事。如有必要，稍做討論。

五、解答參考

㈠ 語文活動

1. 新詞和造句

(1) 梁祝是一部非常悽美的愛情故事。

(2) 她永遠忘不了她最初的戀人。

(3) 我反對他那種不正確、消極的想法。

(4)諸葛亮很會說服別人。

(5)男女要經過結婚才能成爲正式夫妻。

(6)紅娘是媒人的代稱。

(7)她的個性非常直爽，深受大家喜愛。

2.問題與討論

(1)請教師帶領學生作答。

(二)習作A本

1.選一選：把對的字圈出來

(1)齣　(2)戀　(3)婢

2.改錯

(1)廂　(2)鶯　(3)合

3.選一選：把對的號碼選出來

(1)③　(2)②　(3)②　(4)①

4.填一填：把下面的詞填進句子裡

愛情、張生、崔鶯鶯、婢女、結合

5.連連看

張生的女朋友 — 崔鶯鶯
女性軍人 — 花木蘭
紅娘 — 女性媒人

㈢ 習作B本

1. 選一選：把對的號碼選出來

(1)③ (2)② (3)② (4)③

2. 選一選：把對的字圈出來

(1)責 (2)智 (3)媒

3. 改錯

(1)服 (2)深 (3)媒

4. 填一填：把下面的詞填進句子裡

直爽、風趣、喜愛、紅娘

單元活動二 文學

這個單元所介紹的三個文學作品（桃花源記、木蘭詩、西廂記），都在中華文學史上有著重要的地位。它們的意義或象徵，也經由篇名或其中人物，成為中華語文裡的常用詞彙。

放眼世界，在陶淵明創作的桃花源記之後一千年，英國有人寫烏托邦，同樣是在政治混亂、社會不公、農民生活困苦的現實環境中，提出了一個理想社會。

在女扮男裝去從軍抗敵的花木蘭之後約一千年，法國出現了聖女貞德，雖然後來的遭遇不同，但都是女子從軍抗敵，立下戰功。

媒人是婚姻介紹人的專稱，在從前，媒人也成了有些女性的職業，婚姻介紹成功後便收取報酬；現在有些城市出現了正式向政府登記的婚姻介紹所，使用電腦錄存個人資料，進行配對，也是一種收取報酬的服務。

這個單元的活動重點在比較：桃花源和烏托邦，花木蘭和聖女貞德，媒人和婚姻介紹所。建議讓學生使用所附「圓形交疊異同表（請教師依需要影印使用）」練習，每表練習一項，老師可斟酌情形讓學生三項都做，或是任選其中一項。

表一

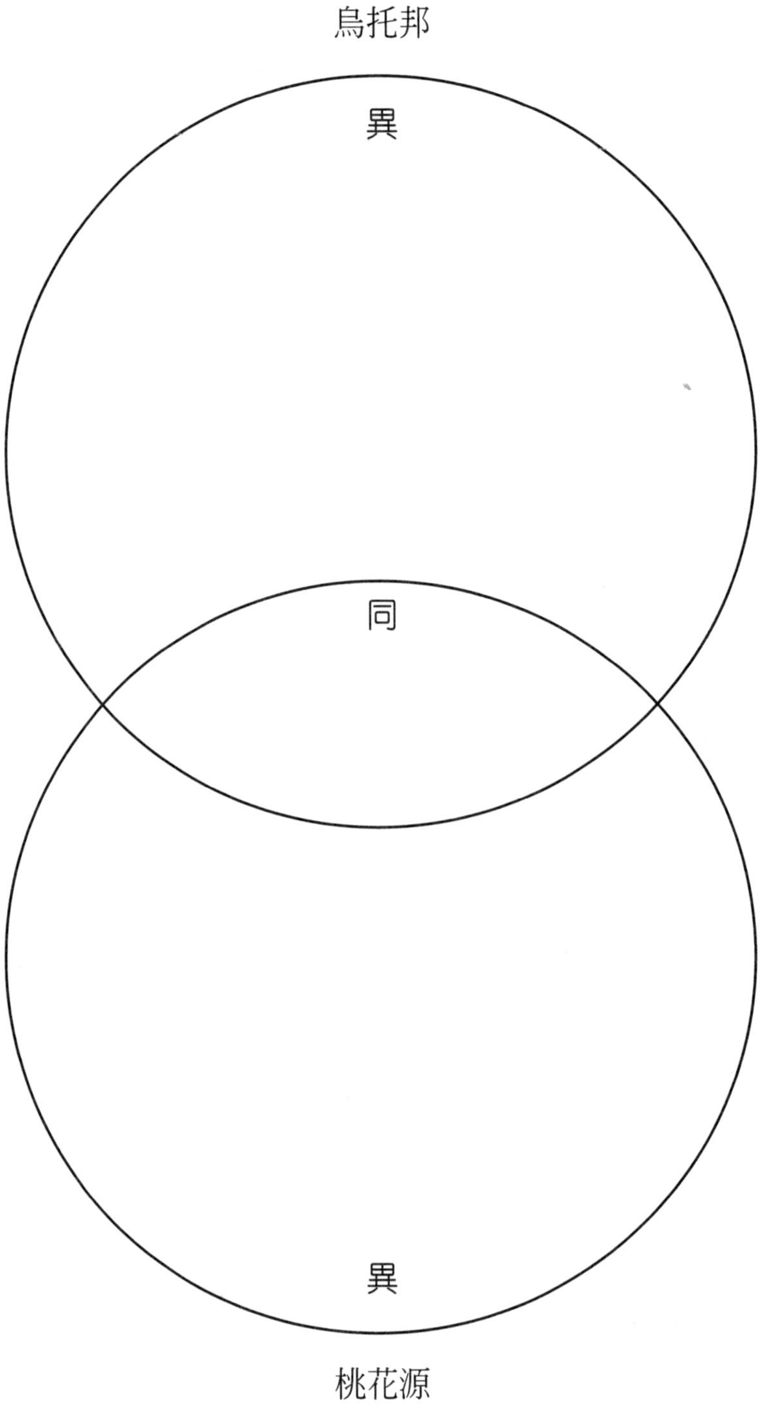

表二

聖女貞德

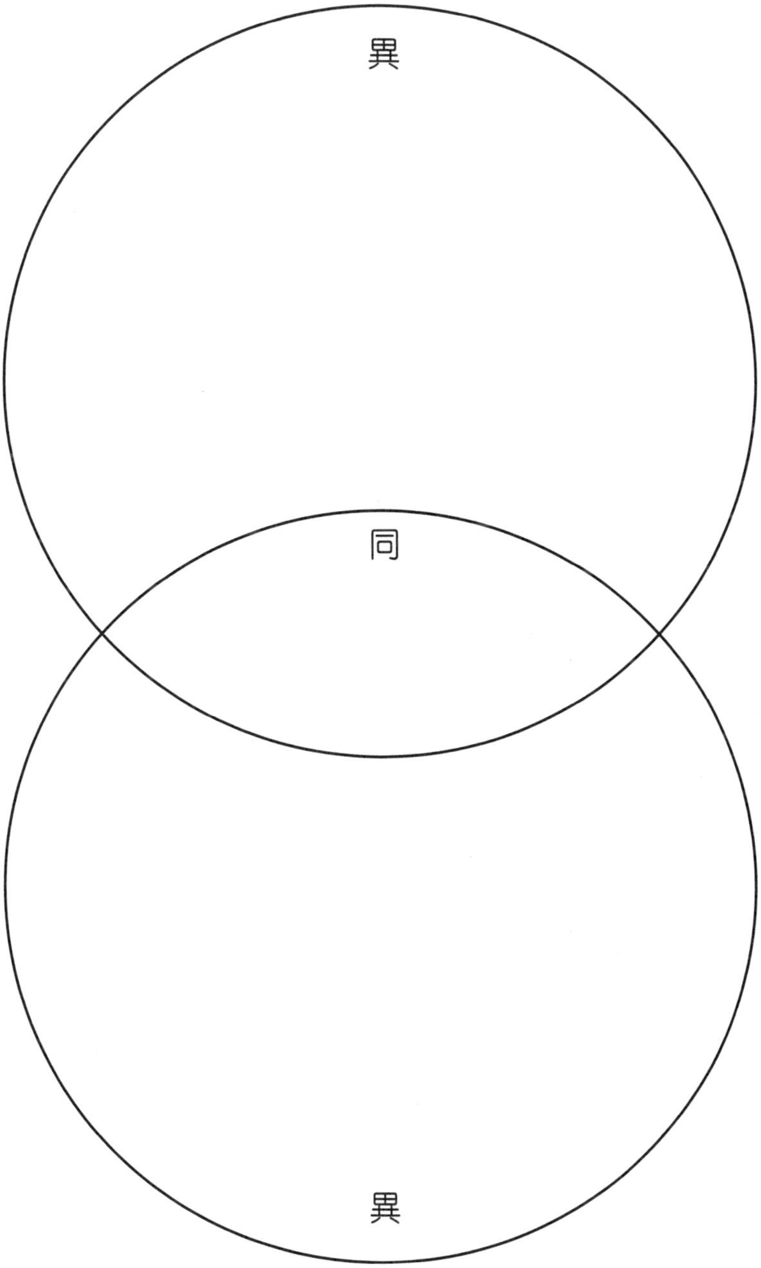

花木蘭

表三

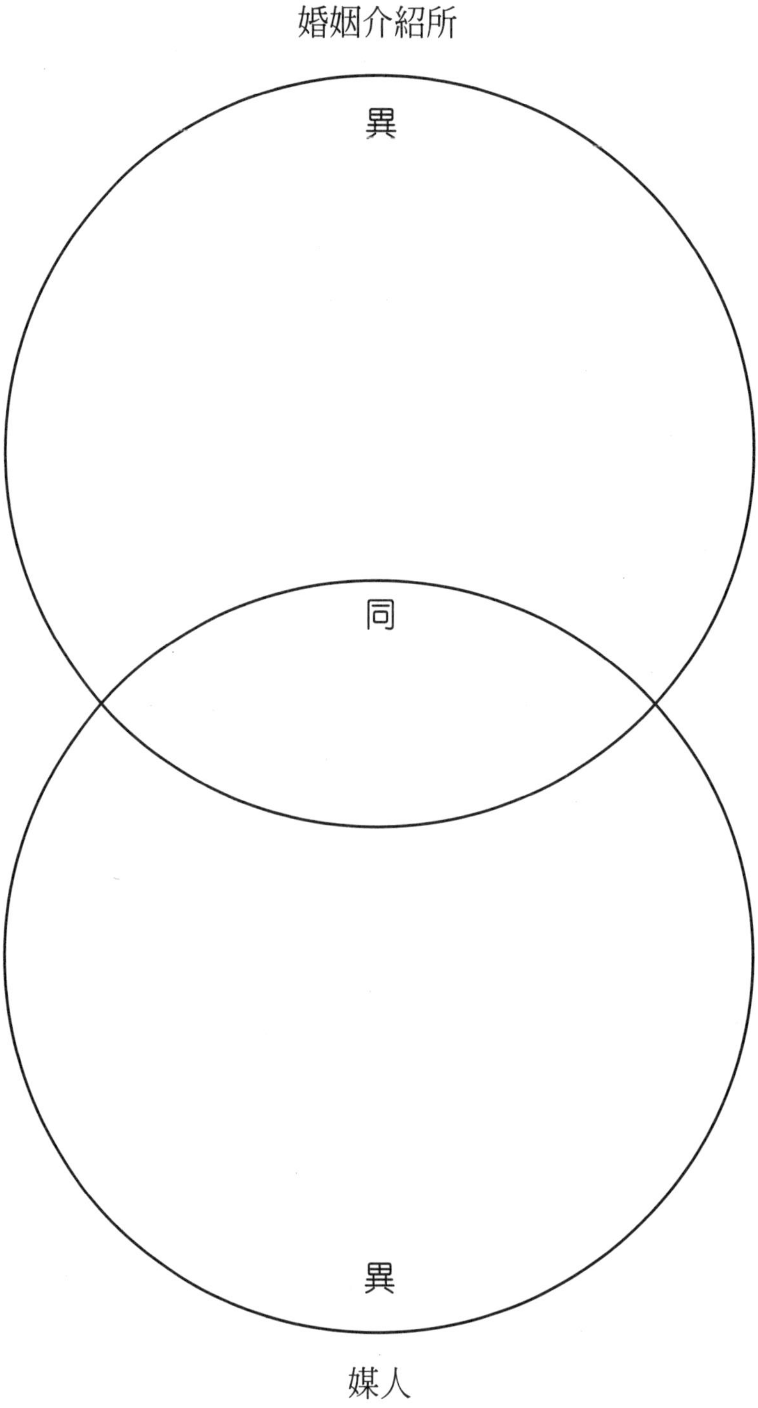

第七課 孔子

一、課文與出處

課文

孔子（公元前五五一～前四七九）是華人第一位大教育家。他的道德和學問都受人尊敬，對世界的教育思想和政治理論，都有很大的影響。

孔子有三千多個學生，他教學生要孝順父母，要忠於國家，要以仁愛之心待人。所謂仁愛之心，就是「己所不欲，勿施於人」，這也是中華民族的精神。

九月二十八日是孔子的生日，我們爲了紀念他，就把這一天定爲教師節。

出處

論語・顏淵：仲弓問仁，子曰：「己所不欲，勿施於人。」

二、相關資料

㈠孔子

名丘，字仲尼。出生地在今山東省曲阜市。他是中華民族歷史上第一個從事平民教育的人，他的思想，以合理的生活爲主，強調人性的尊嚴。他的言論和行爲，被紀錄在論語中。

㈡論語

是孔子的學生和後來信奉孔子學說的學者所編集，內容除紀錄孔子的言行外，也紀錄孔子學生的一些言行。

㈢己所不欲，勿施於人

自己不願意遭受的事，就不要施加在別人身上。

三、補充材料

㈠孔夫子

「夫子」是從前對老師的尊稱，「孔夫子」就是孔老師的意思。西方人稱孔子 Confucius，也就是「孔夫子」的音譯。

(二) 至聖先師

孔子又被稱爲「至聖先師」。「至」是「最」的意思。「聖」是指「人格道德非常高尚的人」。「先師」是學生對已去世老師的尊敬稱呼。「至聖先師」就是「人格道德非常高尚的老師」。

四、問題與討論

「己所不欲，勿施於人」和「己之所欲，施於人」都出自善意，請說明其差異，讓學生討論哪一個比較好，並說明理由。

五、解答參考

(一) 語文活動

1. 新詞和造句

(1)我們要懂得尊敬比我們年長的人。

(2)學前教育可以讓學生提早適應學校生活。

(3)理論要與實務配合，才能事半功倍。

(4)子女孝順父母是天經地義的事。

(5)我們常尊稱有教無類的教師爲「萬世師表」。

2.問題與討論

(1)「己所不欲，勿施於人」，是要我們能夠將心比心，不要把自己視爲痛苦、災禍、惡的事情加在別人的身上。例如：自己不喜歡幫忙父母做家事，就認爲父母做家事是理所當然的，或自己不喜歡別國來攻打我們國家，我們卻成天想著要去攻打別國。請教師引導學生發揮想像力盡情作答。

(二) 習作A本

1.選一選：把對的號碼選出來

(1)③　(2)②

2.改錯

(1)敬　(2)待

3.重組句子

(1)BCAD　(2)CBA

4.想一想

(1)孔子　(2)教育、政治　(3)孝順、國家

(三) 習作B本

1.選一選：把對的號碼選出來

(1)③　(2)①　(3)③　(4)②

2. 改錯

(1)欲　(2)紀

3. 連連看

教育家	孔子
孔子的生日	教師節
己所不欲	勿施於人

4. 想一想

(1)生日　(2)欲，施　(3)仁愛

第八課 老子

一、課文與出處

課文

老子是公元前第六世紀的人，和孔子同一時期，但年齡比孔子大一些。他是一位哲學家，開創了中華民族的道家思想。

老子認為，一個人能了解別人固然很聰明，但真正聰明的人是能夠了解自己。一個人能打敗別人固然是很有力量，但能夠改正自己缺點的人，才是真正的強者。

老子教人意志堅定，在遇到困難時要更加努力。他也教人謙虛，在成功時不可以驕傲，因為一個人驕傲了就會失敗。然而，失敗了也不必灰心，因為只要改正缺失，繼續努力，最後還是會成功的。

出處

1. 知人者智，自知者明。勝人者有力，自勝者強。知足者富。強行者有志。（老子第三十三章）
2. 富貴而驕，自遺其咎。（老子第九章）

二、相關資料

㈠ 老子

老子姓李，名耳，出生在今河南的鹿邑縣，是負責中央政府「收藏室」的官員，相當於現在的國家圖書館館長。後來他因爲政治不安定，國家將亡，便辭職西去。他西行到函谷關時（今河南省靈寶市之南，近陝西省），應守關官員之請，寫下了老子一書，接著繼續西行而不知終老何處。他和孔子所生的年代屬同期，但年齡比孔子大一些，孔子曾經向他請教過禮學。他崇尚自然，主張經由清靜純樸來了解人的自我。

㈡ 老子

又名道德經，一共只有五千多字，是老子在完全隱居前寫的一部書，書中提出「道」的觀念來說明宇宙人生，也敘述了爲人處世的原則和道理。它和論語是影響華人思想最重要的兩部典籍。

三、補充材料

㈠ 道家和道教

道家是中華民族哲學思想的一派，老子是這一派思想的開創人。道教則是中華民族的傳統宗教，在老子之後七百年才創立（東漢順帝時），由於在個人的持修上認同老子主張的清靜，因此奉老子爲教主。

(二) 北風和太陽

老子認為「柔」是勝過「剛」的，用另一種方式說，也就是「溫和」是勝過「粗暴」的。伊索寓言裡的北風和太陽是很可以表達這種思想的一則故事。故事大意是：在冬天，寒冷強勁的北風和熱力已減的太陽爭論誰的本領大，這時有一人在原野行走，於是他們決定比賽，看誰能把這個人的外套取下來。威猛的北風搶先呼呼地刮了起來，要把那人的外套吹掉。可是北風吹得愈猛，那人把外套裹得更緊。接著由太陽來試，它開始把暖和的陽光照在那人身上，漸漸地，那人愈走愈熱，後來便把外套脫下來了。

四、問題與討論

老子認為「柔」能勝「剛」，並且舉水為例說，世界上最柔弱的東西莫過於水了，可是沖垮堤岸和房屋等東西也就是它（天下莫柔弱於水，而攻堅強莫之能勝——老子第七十八章），北風和太陽的故事也是在作這樣的闡釋。讓學生試試，他們是不是能舉一些這類「柔」勝「剛」或是「溫和」勝「粗暴」的例子。

五、解答參考

(一) 語文活動

1. 新詞和造句

(1)老子是哲學發源始祖。
(2)有過錯就要立刻改正。
(3)我們不要只看他人的缺點，要多想想對方的優點。
(4)謙虛是一種美德。
(5)驕傲容易讓我們找不到自己的缺點。

2.問題與討論

孔子的弟子曾參說過他「吾日三省吾身」，也就是說每個人能夠適時的檢視自己的行爲、觀察或多聽他人對自己的看法，即可對自己有所了解。

(二)習作A本

1.選一選：把對的號碼選出來

(1)② (2)③ (3)③ (4)③

2.選一選：把對的字圈出來

(1)齡 (2)缺 (3)謙

3.重組句子

BDCA

4.想一想

(1)老子 (2)哲學 (3)聰明、了解自己

㈢ 習作B本

1. 選一選：把對的號碼選出來

(1)② (2)③ (3)③ (4)③

2. 選一選：把對的字圈出來

(1)驕 (2)堅 (3)固

3. 重組句子

BCA

4. 想一想

(1)缺點 (2)努力 (3)謙虛

第九課 孫中山

一、課文與出處

課文

孫中山先生（一八六六～一九二五），又名孫逸仙。

華人習慣叫他孫中山，西方人則習慣叫他孫逸仙。

孫中山是一位偉大的政治家，對近代華人子弟有很大的影響。他出生在廣東，十三歲時到夏威夷去讀中學，然後到香港去學醫，二十六歲時，以第一名的成績從醫學院畢業。

孫中山從醫學院畢業後，沒有去做醫生，因為他參加了革命。他領導革命，反對當時統治中國的清朝皇帝。他努力了二十年，在四十六歲時，終於推翻清朝，建立中華民國，後來被尊稱為中華民國的國父。

二、相關資料

(一) 倫敦蒙難

孫中山二十六歲（一八九二年）在香港的醫學院畢業後，住在澳門，從事革命活動。二十九歲（一八

九五年）策劃進攻廣州，不幸失敗，清朝政府下令追捕，他便逃往香港。在香港，他去見了他的英國老師康德黎（James Cantlie），接著便搭船去日本，再去夏威夷、舊金山、紐約，然後在第二年（一八九六年）抵達倫敦。

這時孫中山的老師康德黎也已回倫敦定居，兩人在倫敦會面。康替孫安排了住所，孫便每天去大英博物館（British Museum）的圖書館看書。

不久，清朝政府偵知孫中山在倫敦，便設法誘捕。孫是基督徒，每個星期天會去教堂做禮拜。這一年的十月十一日星期天上午，孫步行去康德黎家，要和康一同上教堂，半路上有一個華人來和他說話，問知孫是廣東人，因爲是同鄉，便很高興地用廣東話和孫邊走邊談。過了一會兒，又遇到一個華人，和稍早同孫攀談的華人互相認識，於是這兩人分別走在孫的左右側，繼續邊走邊談。孫中山對倫敦的街道不熟悉，走著走著，到了一所房屋的門口，兩人說，這是他們的住所，邀孫進去喝杯茶。孫要和康德黎同上教堂，不要進去，但被兩人一推一拉，進了屋內，隨即大門被關上，才知那個入口是清朝駐英公使館的側門。

孫中山被關在公使館樓上的一個小房間裡。他寫了向康德黎求救的紙條，包住硬幣投出窗外，希望有人拾得後通知康，但是不成功。倫敦的十月天氣已冷，拘留孫中山的那個小房間有暖爐，每天有個英國僕人來加煤，孫告訴他所以被拘捕的原因，也告訴他一旦被送回國便必死無疑，最後說服了這人爲他通知康德黎。

康德黎得知孫中山被清政府公使館綁架後十分吃驚，立即向社會公布此事，並且促使英國外交部出面營救。公使館無法掩飾，終於將孫釋放，由康德黎陪同回家。

三、補充材料

(一) 武昌起義

武昌是湖北省的省會。一九一一年，湖北的革命黨人在湖北的清軍內部做好了革命宣傳，在十月十日晚上，兵分三路，猛攻在武昌的總督府，總督匆忙逃走。經過一夜激戰，革命黨占領武昌，成立軍政府，並且號召各省起義，因之形成了全國規模的革命運動。

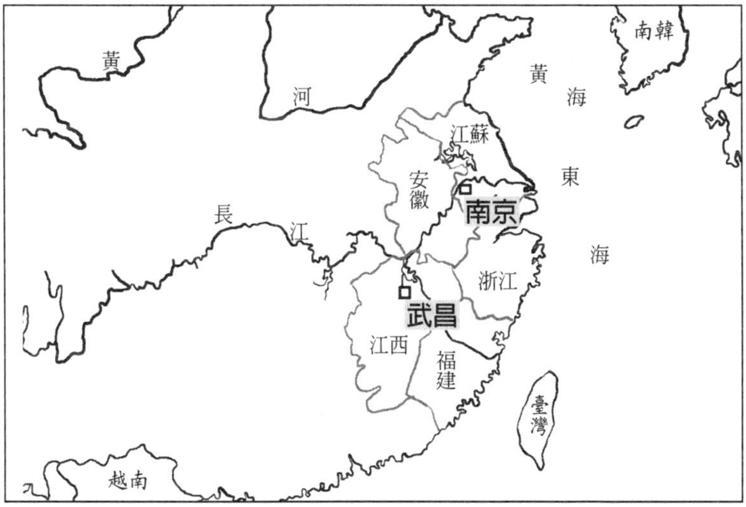

南京、武昌地理位置簡圖

㈡　雙十國慶

一九一一年十月武昌起義成功後，其他各省紛紛響應，清朝的統治很快就被瓦解。第二年（一九一二年）的元旦，各省代表在南京成立中華民國臨時政府，結束了中華民族二千多年來的君主專制政體。由於武昌起義在十月十日，就定這一天爲中華民國的國慶日，也叫雙十國慶，或雙十節。

四、問題與討論

西方人習慣稱孫中山爲孫逸仙，拼音寫成 Sun Yat-Sen（因爲這是依廣東話的發音拼寫的），問問學生知道不知道原因？如果要查閱有關孫中山的外文資料，就要用 Sun Yat-Sen 這個拼法，因爲在外文中這個拼法已經固定統一了。

五、解答參考

㈠　語文活動

1. 新詞和造句

⑴要改變習慣是很困難的。
⑵近代攝影展覽非常值得前去觀賞。
⑶今年夏天我就要從大學畢業了。

(4)好的領導可以提振我們的團隊士氣。

(5)利用科技方式改變植物種植的方法稱爲綠色革命。

2.問題與討論

秋瑾、霍元甲——書本；齊白石、張大千——畫展。

(二) 習作A本

1.選一選：把對的字圈出來

(1)仙 (2)港

2.連連看

孔子——偉大的教育家

孫中山——中華民族知名近代政治家

老子——道家思想開創者

3.選一選：把對的號碼選出來

(1)③ (2)① (3)③ (4)①

4.想一想

(1)孫逸仙 (2)廣東、夏威夷、香港 (3)國父

(三) 習作B本

1. 選一選：把對的號碼選出來

(1)①　(2)②　(3)①　(4)②

2. 選一選：把對的字圈出來

(1)績　(2)清

3. 填一填：把下面的詞填進句子裡

推翻、中華民國、國父

4. 重組句子

(1)BCAD　(2)BADC

單元活動三 人物

本單元介紹了在思想和政治方面對中華民族有巨大影響的三個人，也是在中華民族普遍為人所熟知的三個人。單元活動是使用擲骰子的遊戲，幫助學生複習課文的內容。下列的十八個問題，分別依據本單元的三課課文所擬訂。老師可以把這三課的問題影印剪下，分別黏在紙骰子的每一面（三課共三顆骰子，可以每一課的問題集中在一顆骰子上，也可以提高難度，把十八個問題，混合後分別黏在三顆骰子上）（紙骰子的紙樣見附圖）。然後把學生分為兩組，老師擲出骰子後，念出骰子向上一面所黏的問題，由兩組學生搶答，答對者得分，做為一種比賽。若擲出相同的問題，可再次念出，由學生搶答。

題組（請老師影印裁剪，黏貼於次頁各方格中）

(一) 孔子

- 誰是中國的第一位教育家？
- 孔子教學生要怎樣對父母？怎樣對國家？
- 孔子所謂的仁愛之心是什麼？
- 教師節是哪一天？爲什麼？
- 孔子如果還活著，現在是幾歲？
- 孔子一生教過多少個學生？

(二) 老子

- 誰開創了中華民族的道家思想？
- 老子認爲什麼樣的人才是眞正的聰明人？
- 老子認爲什麼樣的人才是眞正的強者？
- 老子教我們成功的時候應該怎麼樣？
- 老子認爲在遇到困難的時候應該怎麼樣？
- 孔子和老子誰的年紀大？

(三) 孫中山

- 孫中山另外一個名字是什麼？
- 孫中山是在哪裡讀中學的？
- 孫中山是在哪裡讀大學的？他念什麼？
- 孫中山大學畢業以後做什麼工作？
- 在孫中山四十六歲時他完成了什麼事？
- 誰是中華民國的國父？

紙骰子圖樣（請老師影印裁剪製作）

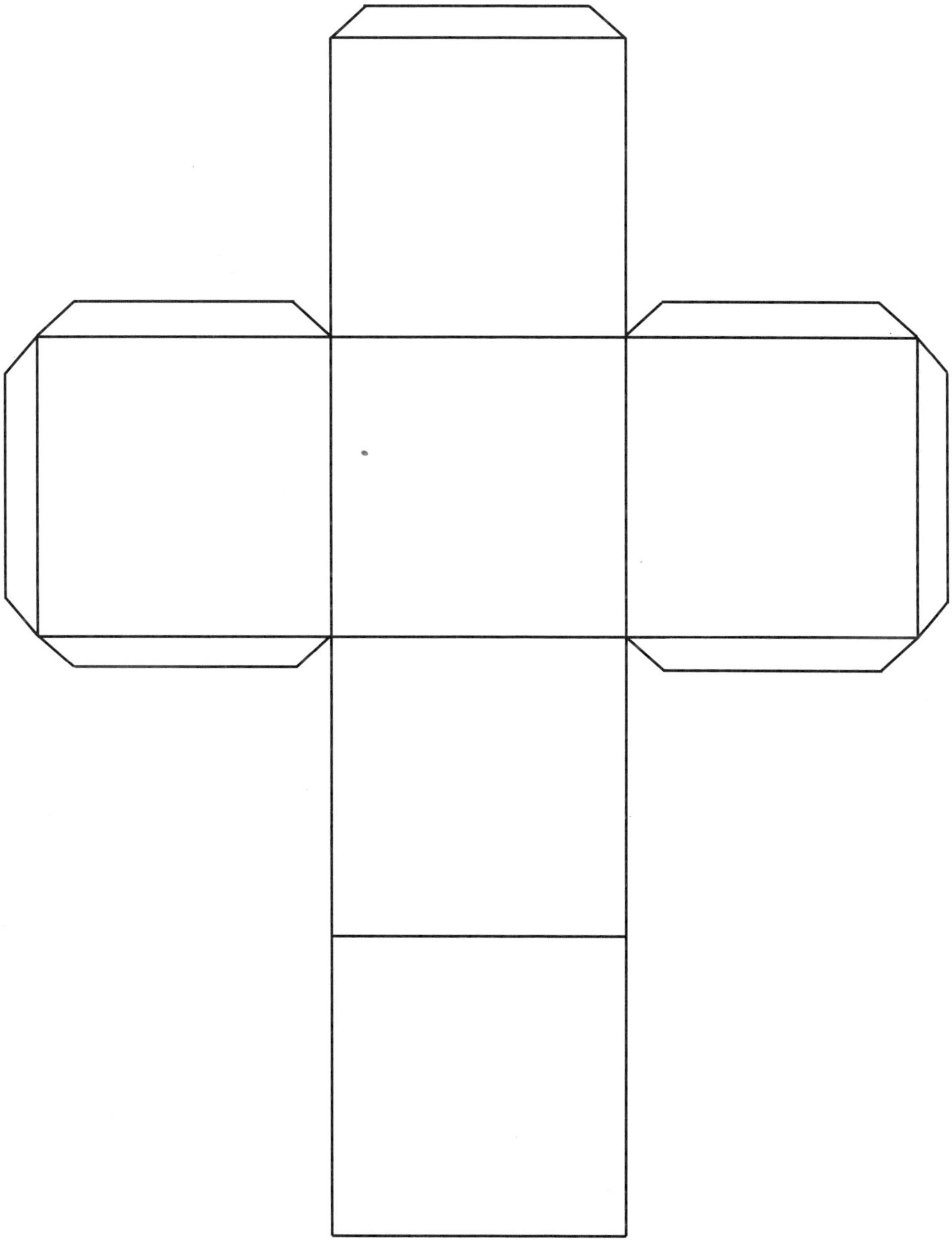

第十課 萬里長城

一、課文與出處

課文

萬里長城在中國大陸的北方，在公元前第三世紀完成，長一萬二千六百多華里，等於六千三百多公里。當時的目的，是為了防禦北方游牧民族的攻擊，現在是有名的旅遊景點。

在萬里長城的城牆上，每隔五公里左右有一座高臺，這是用來瞭望敵人的。如果發現有敵軍接近，在白天，士兵便在高臺上生火，發出濃煙，用這種方法，快速通知各地的軍隊備戰。在晚上，則只要燒火，各地的守軍看到後就知道敵軍快來了。這種高臺叫「烽火臺」。

後來，文人用「烽火」兩字代表「戰爭」，如「遍地烽火」、「烽火連三月」等，都是這個意思。

二、相關資料

(一) 秦始皇和萬里長城

長城的修建開始在公元前五世紀，那時中國處於戰國時代，各國為了防禦北方游牧民族的奇襲，各自

在很多地點築建了城牆，作爲戰爭時的堡壘。到了第三世紀，秦始皇統一了全國，把各地防禦北方游牧民族的城牆連接起來，基本上完成了現在萬里長城的規模，所以一般人也常以爲萬里長城是秦始皇所建造，其實並非從他開始造，只是基本上是他下令所完成。

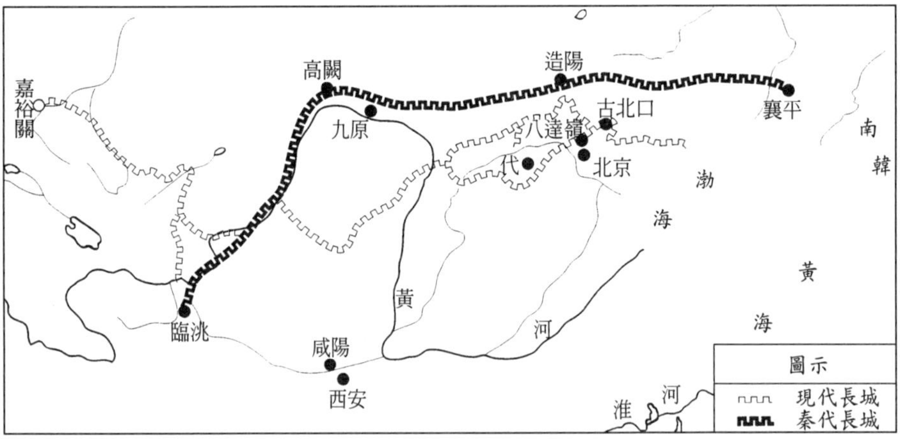

萬里長城位置簡圖

(二) 烽火的故事

公元前八世紀時，西周的國君叫幽王（周幽王），他娶了一個很漂亮的妃子，這個妃子雖然很漂亮，但是不輕易笑，周幽王想了種種方法要引她笑，都不成功。有一次，他用燒舉烽火的方法來引這個妃子笑，各地的將領看到烽火，以爲有敵人來攻，立即帶領軍隊趕來，但是趕到後才知沒有敵人。這個妃子看到軍隊被騙而來來去去的情形，不禁笑了。於是周幽王就常常爲了使她笑而燒舉烽火，讓軍隊匆匆忙忙地來來去去。後來各地的將領就不再相信周幽王的烽火，見了烽火也不出動軍隊了。有一天，敵人眞的來攻，周幽王的烽火已召不來軍隊，終於被敵人所殺。

三、補充材料

(一) 孟姜女的故事

孟姜女是我國民間的一個傳說，很古老，流傳也很廣。大意是：

秦始皇抓了很多人去修建長城，其中有一個年輕人在做工時趁機逃走，躲進了孟姜女家的後院。他在那裡遇見了孟姜女，兩人產生戀情，經過孟姜女父親的同意，兩人就結婚了。可是，消息走漏，兩人剛舉行完婚禮，官府就來人把這年輕人逮捕送回工地繼續築城。不久，這個年輕人因爲過勞，體力不支而死去，屍體則被築在城牆下。後來天氣漸冷，孟姜女去爲丈夫送冬衣，到了那裡，才知道丈夫已死，而且不知屍體在哪裡，不禁對著長城放聲大哭。不料這一哭竟把長城的城牆哭倒了一部分，也露出了孟姜女丈夫的屍體，於是孟姜女才忍悲把丈夫的遺骸運回去安葬。後世戲劇所搬演的，主要就是

孟姜女不辭辛苦、萬里尋夫和哭倒長城這些情節。

四、問題與討論

古代的大工程而現在還存在的，除了中國大陸的萬里長城，就是埃及的金字塔了，這兩處也成了現在熱門的旅遊景點（金字塔建於公元前二七〇〇年，較萬里長城早很多，高一百三十八公尺，塔基底部爲二百三十平方公尺），輔導學生對兩者稍作比較和討論性質之不同。如都是用石塊建築；一是宗教的，一是軍事的；一是爲帝王個人而建的，一是爲國家安全而建的。

五、解答參考

㈠ 語文活動

1. 新詞和造句

(1)現在各國的防禦武器都很先進。

(2)爲抵抗外國入侵，政府下令國軍備戰。

(3)獅子正在攻擊奔跑的羚羊。

(4)站在海灘可瞭望到地平線。

(5)烤肉時會有濃湮，非常嗆人。

(6)今年夏天的旅遊計畫尚未規畫完成。

2.問題與討論

(1)二千四百年。

(2)請由教師指導學生作答。

(二)習作A本

1.選一選：把對的字圈出來

(1)禦　(2)牧　(3)隔

2.塡一塡：把下面的詞塡進句子裡

接近、濃煙、燒火、敵軍

3.選一選：把對的號碼選出來

(1)②　(2)③　(3)③

4.加標點符號

萬里長城在中國大陸的北方，有六千三百多公里。當初建造的目的，是爲了防禦北方游牧民族的攻擊，現在則是有名的旅遊景點。

5.想一想

(1)北方　(2)游牧　(3)偵查

㈢ 習作B本

1. 選一選：把對的號碼選出來

(1)③　(2)②　(3)②

2. 選一選：把對的字圈出來

(1)煙　(2)烽　(3)遍

3. 連連看

旅遊景點	萬里長城
瞭望敵軍	烽火臺
戰事不斷	烽火連三月

4. 想一想

(1)火　(2)戰爭　(3)觀光

第十一課 大運河

一、課文與出處

課文

大運河是一條人工開鑿的河道，從北京到杭州，南北走向，長一千七百多公里，完成於公元第七世紀。

從前，這一條大運河的主要功用，是把南方生產的糧食和鹽運去北方，現在則是把北方生產的煤運到南方。它也南北上下運輸其他貨物，在二十一世紀初，它運輸的各種貨物，總量有十億噸，相當於三條鐵路的運輸功能。

中國大陸的北方常常缺水，大運河除了運輸貨物，也利用抽水站把南方的水向北方運送，解決北方在缺水時的困難。

二、相關資料

(一)中國大陸的河流絕大部分是東西走向，南北的運輸靠陸路。但是陸地的交通在古時全靠人力和畜力，所以開挖一條南北走向的大運河，在加強南北運輸上是十分有用的。

(二)開挖大運河並不是開挖一條全新的水道，而是溝通天然的河流，使不同水系的河道之間可以通航。但是這條運河的工程還是十分浩大，當時徵用了一百多萬民工。

三、補充材料

(一)蘇伊士運河（Suez Canal）

1.在埃及，全長一百三十多公里（河面寬六十～一百公尺，深八公尺），溝通紅海及地中海。

2.縮短亞洲、歐洲間船隻航運的航程，使船隻不必再繞過非洲南端，省時省費用。

3.此河由法國人負責開挖，費

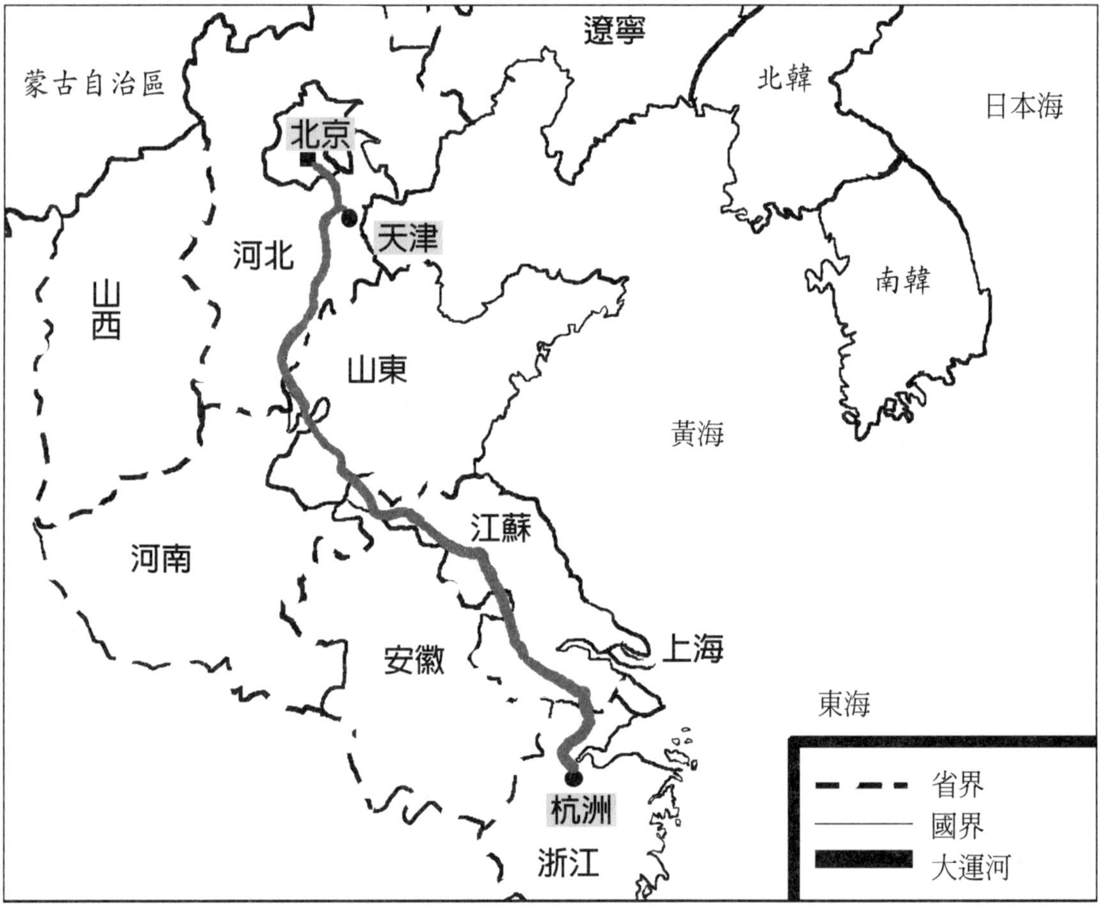

大運河地理位置簡圖

時十年（一八五九～一八六九）。

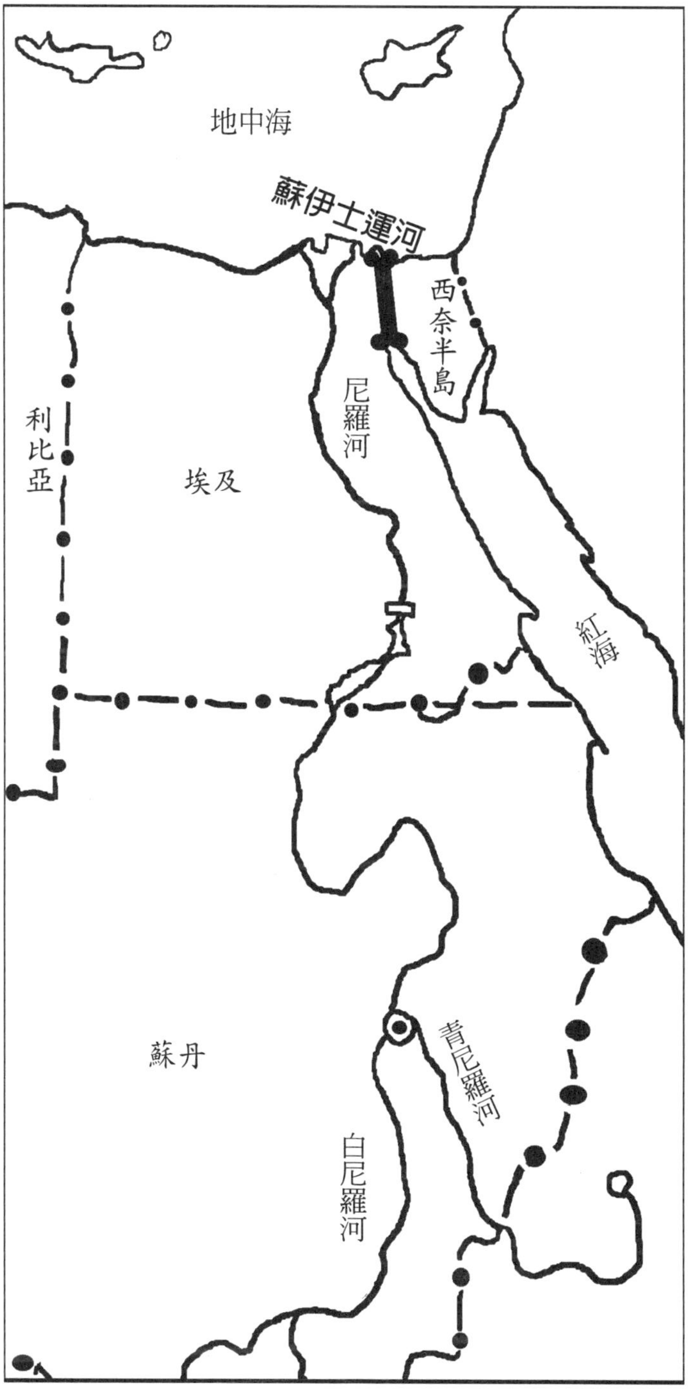

蘇伊士運河位置簡圖

(二) 巴拿馬運河（Panama Canal）

1. 在巴拿馬，全長八十公里，溝通太平洋和大西洋。

2. 縮短太平洋和大西洋間船隻航運的航程，使船隻不必再繞過南美洲的南端，節省航程約五千公里。

3. 此河初由法國人於一八八一～一八八八年開挖，繼由美國人於一九〇四～一九一四年接手完工。

巴拿馬運河位置簡圖

四、問題與討論

請教師輔導學生比較大運河和蘇伊士、巴拿馬兩運河的差異並稍做討論。如大運河在國際上並不出名，因為它是中國大陸境內自己的航道，蘇伊士和巴拿馬則是國際航道。大運河的功能在增加中國大陸境內的南北運輸量，蘇伊士和巴拿馬運河的功能則是縮短航程，節省時間和運費。

五、解答參考

㈠ 語文活動

1. 新詞和造句

⑴運河在古代是重要的運送管道。

⑵北臺灣的蔬果大部分從中南部運輸過來。

⑶露營需準備一些糧食。

⑷運輸機載送貨物十分方便。

2. 問題與討論

⑴一千四百年。

⑵巴拿馬運河、蘇伊士運河、阿姆斯特丹運河。

㈡ 習作A本

1. 選一選：把對的字圈出來

⑴挖　⑵杭　⑶貨

2. 改錯

⑴公　⑵煤　⑶鹽

3. 選一選：把對的號碼選出來

(1)③ (2)② (3)③ (4)③

4. 想一想

(1)不是，人工開鑿 (2)有

㈢ 習作B本

1. 選一選：把對的字圈出來

(1)糧、鹽 (2)噸 (3)抽 (4)鑿 (5)船

2. 選一選：把對的號碼選出來

(1)② (2)① (3)③

3. 改錯

(1)億、噸 (2)缺 (3)南 (4)鑿 (5)運

4. 重組句子

BDAC

5. 想一想

(1)一千七百多公里 (2)糧食、鹽、煤、水

第十二課 石門水庫

一、課文與出處

課文

石門水庫在臺灣的北部。

臺灣的地形狹長，中央是高山，平原在高山的左邊，也是狹長形的。高山上流下來的水，在平原上成了一條一條河流。但是因爲平原不寬廣，河道不長，河水很快就流進海裡，河中積蓄的水量不多，到了夏季，就常常缺水。

石門水庫是在山裡建壩，把水攔在山谷裡，存積起來，穩定地供給人們日常生活和農業用水。水庫的大壩高一百三十三公尺，水面就是一個大湖，周圍種了許多不同的樹木，風景美麗，人們可以來遊湖、賞鳥、賞楓，也是臺灣北部有名的旅遊景點。

二、相關資料

(一)壩

攔水的厚牆

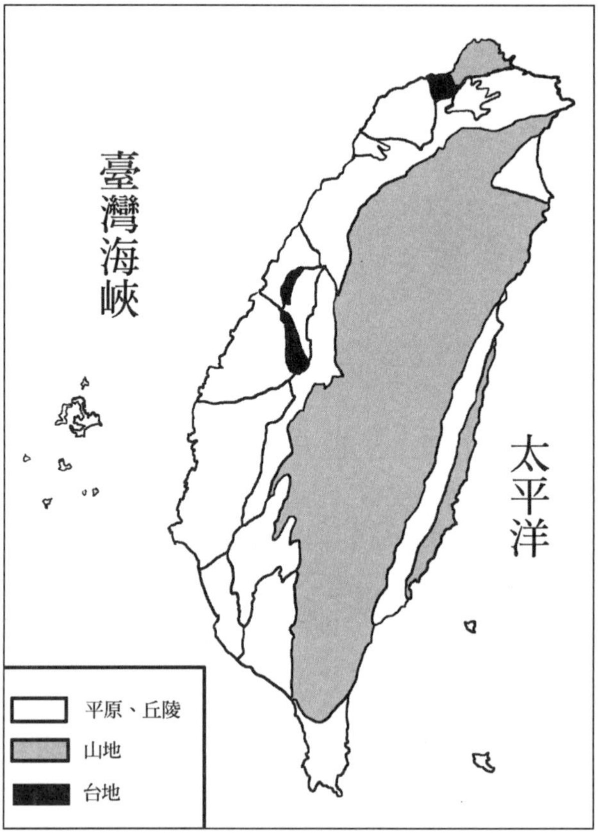

臺灣高山平原地形圖

(二) 水庫、水壩

利用群山間的山谷地形，建壩攔水，稱為「水庫」，如：石門水庫；在河流上建壩攔水，稱為「水壩」，如埃及的阿斯旺水壩（見補充材料）。

(三) 洩洪

如果多日大雨，山區流入水庫的水太多，便要快速地把太多的水放出來，稱為「洩洪」。石門水庫的大壩有六座弧形閘門，打開閘門，便可洩洪。如果把六座閘門都打開，每秒可洩洪一萬一千四百立方公尺，十分壯觀。

三、補充材料

(一) 翡翠水庫

石門水庫在臺北市附近的桃園縣，一九六四年建成。後來臺北市、臺北縣的人口大量增加，民生用水的需求量也大增，所以在石門水庫建成後的四十年，又在臺北縣建造了翡翠水庫。翡翠水庫在一九八七年完成。

(二) 阿斯旺水壩（Aswan Dam）

阿斯旺水壩在埃及，建於尼羅河（Nile）上游。壩高一百一十一公尺，長三千六百公尺，一九六七年

完成。爲了建造這個大水壩，附近的一些古蹟會被淹沒，聯合國教科文組織（UNESCO）特別籌資八千萬美元，將兩所超過三千年的古代神廟切割搬遷，完整地易地重建。

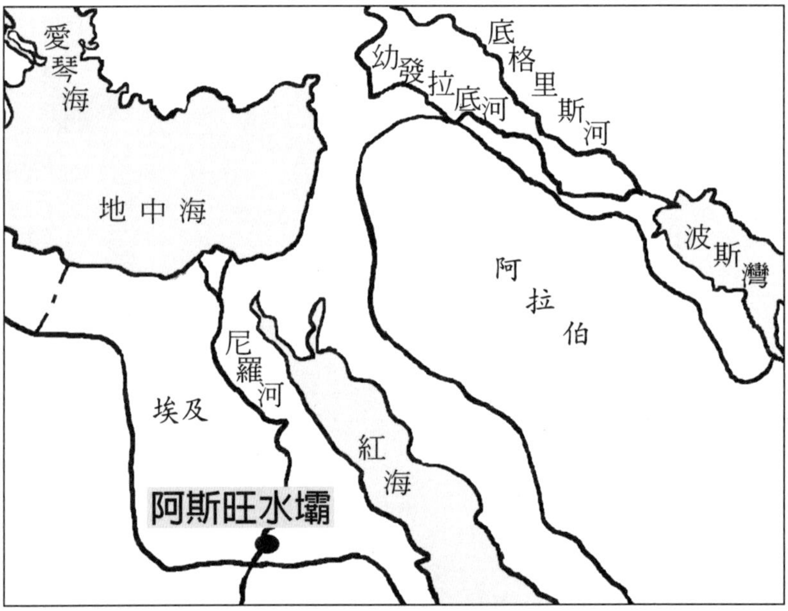

阿斯旺水壩位置圖

四、問題與討論

臺灣有許多特色，學生如果有到過臺灣的，請他們敘述他們的臺灣經驗，如到過的城市，吃過的水果，搭乘過的交通工具，印象深刻的建築等，並鼓勵其他學生向他們發問。對於沒有到過臺灣的學生，則請輔導他們陳述他們所知有關臺灣的種種，包括臺灣的一些產品，如電腦、手機等。

五、解答參考

㈠ 語文活動

1. 新詞和造句

(1) 水庫的功用主要在於蓄水。

(2) 這山谷南北狹長，十分險峻。

(3) 他很節儉，有很多積蓄。

(4) 草原寬廣，適合滑草。

(5) 這個工作很穩定，適合我。

2. 問題與討論

(1) 請教師按實際狀況引導學生作答。

(2) 七十四人。

(二)

習作A本

1.選一選：把對的字圈出來

(1)狹　(2)積　(3)庫

2.塡一塡：把下面的詞塡進句子裡

平原、寬廣、河道、海裡

3.選一選：把對的號碼選出來

(1)①　(2)②　(3)②　(4)②

4.想一想

(1)夏　(2)農業　(3)水庫

(三)

習作B本

1.選一選：把對的字圈出來

(1)蓄　(2)缺　(3)穩

2.塡一塡：把下面的詞塡進句子裡

建壩、山谷、存積、穩定地

3.選一選：把對的號碼選出來

(1)②　(2)③　(3)③　(4)①

4.想一想

(1)臺灣的地形狹長，中央是高山，平原在高山的左邊，也是狹長形的。

(2)存積起來　(3)賞楓

單元活動四

建設

本單元介紹三項重大建設：一個是古代的軍事工程（萬里長城），現在已失去軍事上的意義，成爲一個旅遊景點。一個是古代的交通建設（大運河），現在仍在使用，發揮運輸的功能，一個是現代的水利工程（石門水庫），目的在解決民生和農業的用水，同時也規畫成爲一個旅遊景點。

教師可把班上學生分爲甲、乙兩組，相互問答。例如，甲組學生提示「古代的軍事工程」後，乙組的學生必須在五秒鐘內回答「萬里長城」，並且陸續說出所知有關萬里長城的種種，包括故事和傳說（同組學生可相互補充，不限一人敘述）；乙組提示「現代水利工程」，甲組學生必須在五秒鐘內說出「石門水庫」及所以建造水庫的原因等等。教師可就學生的敘事條理是否清楚，加以輔導和講評。

Memo

Memo

Memo

MW00716025

國家圖書館出版品預行編目資料

全新版華語：教學指引 / 金榮華等著. --臺初版. -- 臺北縣新店市：流傳文化, 民91-
冊： 公分

ISBN 986-7397-15-0

1. 中國語言 — 讀本

802.85 91016884

【全新版】華語教學指引第十二冊

總 主 編：金榮華
編撰委員：金榮華、李元哲、邱燮友
皮述民、李宗慬、陳德昭
責任編輯：謝青秀
封面設計：陳美霞
發 行 人：曾高燦
出版發行：流傳文化事業股份有限公司
地 址：臺北縣（231）新店市復興路43號4樓
電 話：(02)8667-6565
傳 眞：(02)2218-5221
郵撥帳號： 19423296
http://www.ccbc.com.tw
E-mail ：service@ccbc.com.tw
香港分公司◎集成圖書有限公司一香港皇后大道中283號聯威商業中心8字樓C室
TEL ：(852)23886172-3 ・ FAX ：(852)23886174
美國辦事處◎中華書局一135-29 Roosevelt Ave. Flushing, NY 11354 U.S.A.
TEL ：(718)3533580 ・ FAX ：(718)3533489
日本總經銷◎光儒堂一東京都千代田區神田神保町一丁目五六番地
TEL ：(03)32914344 ・ FAX ：(03)32914345

出版日期：西元2005年3月臺初版(50055)
印 刷：世新大學出版中心

分類號碼： 802.85.046
ISBN 986-09-7397-15-0

定價： 110元